CARA, EU NÃO ENTENDI NADA!

HISTÓRIAS NADA COMUNS DE JEAN PAULO

CÊ ACREDITA?

Jean Paulo Campos

CARA, EU NÃO ENTENDI NADA!

HISTÓRIAS NADA COMUNS DE JEAN PAULO

CÊ ACREDITA?

GUTENBERG

EDITORA
Silvia Tocci Masini

EDITORAS ASSISTENTES
Carol Christo
Nilce Xavier

ASSISTENTE EDITORIAL
Andresa Vidal Vilchenski

EDIÇÃO GERAL
Jim Anotsu

PREPARAÇÃO
Silvia Tocci Masini

REVISÃO
Andresa Vidal Vilchenski
Carla Neves
Nilce Xavier

FOTOS DE CAPA E MIOLO
Criativy Estúdio

CAPA
Overleap Studio

PROJETO GRÁFICO E DIAGRAMAÇÃO
Overleap Studio

Dados Internacionais de Catalogação na Publicação (CIP)
Câmara Brasileira do Livro, SP, Brasil

Campos, Jean Paulo
Histórias nada comuns de Jean Paulo: cara, eu não entendi nada! / Jean Paulo Campos. – 1. ed – Belo Horizonte : Editora Gutenberg, 2017.

ISBN 978-85-8235-479-7

1. Campos, Jean Paulo 2. Literatura juvenil 3. Narrativas pessoais I. Título.

17-07138 CDD-028.5

Índices para catálogo sistemático:
1. Twitter : Redes sociais : Literatura infantojuvenil 028.5
2. Twitter : Redes sociais : Literatura juvenil 028.5

A **GUTENBERG** É UMA EDITORA DO **GRUPO AUTÊNTICA**

São Paulo
Av. Paulista, 2.073, Conjunto Nacional,
Horsa I, 23° andar, Conj. 2310-2312
Cerqueira César . 01311-940
São Paulo . SP
Tel.: (55 11) 3034 4468

Belo Horizonte
Rua Carlos Turner, 420
Silveira . 31140-520
Belo Horizonte . MG
Tel.: (55 31) 3465 4500

Rio de Janeiro
Rua Debret, 23, sala 401
Centro . 20030-080
Rio de Janeiro . RJ
Tel.: (55 21) 3179 1975

www.editoragutenberg.com.br

Dedico este livro
aos meus pais, Nilza e Cláudio,
à minha família e aos meus fãs.

Sumário

HIGH PERFORMANCE
78

BATE-BOLA

NOME ARTÍSTICO: Jean Paulo Campos

DATA DE NASCIMENTO: 13/04/2003

CIDADE ONDE NASCEU: São Paulo/SP

SE NÃO FOSSE ARTISTA SERIA: DJ ou biólogo

PONTO FORTE: Tenho foco em tudo que faço.

PONTO FRACO: Deixo as coisas para a última hora.

MANIA: Cantarolar e brincar com meu pai.

MEDO: Oceano

SONHO: Ganhar um Oscar

ESPORTE FAVORITO: Futebol

TIME: São Paulo

COR: Laranja

O QUE MAIS ME IRRITA: Pessoas falsas e gente me cutucando. Hehehe...

VIAGEM INESQUECÍVEL: Natal/RN

MÚSICA PREFERIDA: "Hear Me Now", Alok, Bruno Martini feat. Zeeba

ATORES FAVORITOS: Lázaro Ramos e Will Smith

ATRIZ PREFERIDA: Chloë Grace Moretz

CANTOR FAVORITO: Ed Sheeran

FILME FAVORITO: *Jogos Vorazes*

LIVRO FAVORITO: *Divergente*

(e agora o meu \o/)

PROGRAMAS DE TV FAVORITOS:
Master Chef e *Parasitas Assassinos* (Discovery Channel)

AMIGOS SÃO: Essenciais

FAMÍLIA É: A base de tudo

TOKIO

PARTE 1

MINHA VIDA FORA DA TELA

EMOÇÕES nas alturas

Os shows de *Carrossel* sempre foram divertidos. A gente se cansava bastante, mas era incrível passar aquele tempo com o pessoal, ver os fãs de perto e aprontar nos hotéis. E, acredite, a gente aprontou muito! Acho até que a gente provocou um curto-circuito em um dos hotéis certa vez, mas isso é história para um outro dia.

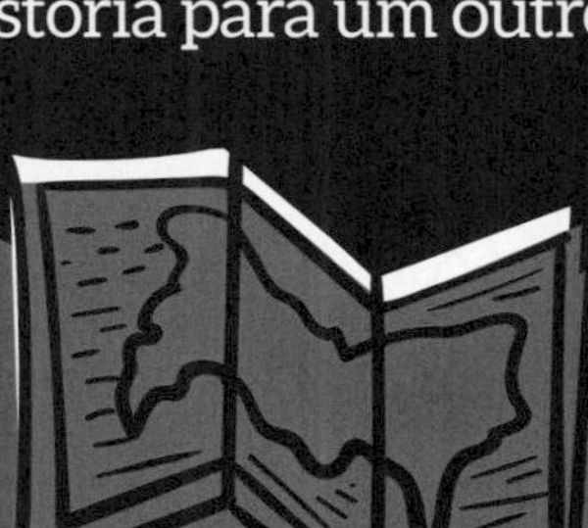

O que eu vou contar agora é sobre um momento que nunca vou esquecer. Não tem nada a ver com o show, com a turma, o hotel, nada disso. Foi algo que aconteceu **na volta de uma viagem,** dentro do avião – e todo mundo sabe que qualquer coisa que acontece num avião já é motivo de alegria ou pânico para algumas pessoas...

O meu caso ficou no meio do caminho entre as **duas emoções.**

Admito que fiquei um pouco nervoso nas primeiras vezes em que andei de avião, mas, depois de um tempo, nada mais é novidade. Acho que hoje eu já faço todas as etapas da viagem no piloto automático:

Mas me lembro direitinho daquele dia. Era a minha mãe quem estava me acompanhando – e ela não gosta muito de avião, então acho que ficava bem tensa. Eu ficaria de "folga" por algum tempo e estava voltando para casa.

TUDO NA PAZ DE DEUS

Sentado no meu assento, vi um **MC bem famoso** não muito longe de mim.

Aproveitei que ainda podia ficar em pé, peguei o celular e fui lá tirar uma foto com ele. Batemos um papo e combinamos que no fim do voo tiraríamos outras fotos e conversaríamos mais

Acho que as pessoas que vêm tirar fotos comigo nem devem imaginar que eu faço o mesmo com os músicos e atores que admiro. Acredite, pessoas famosas também são fãs e barulhentas.

Voltei todo feliz para o meu assento e mostrei a foto para a minha mãe. A viagem seguiu normal dali em diante. Os comissários de bordo e o piloto falaram o

de sempre, passaram todas as medidas de segurança e demonstraram o que fazer em caso de acidente (embora eu tenha a opinião de que não é possível fazer muita coisa se seu avião cair). Na verdade, hoje em dia eu nem presto mais atenção aos avisos, e até os barulhos da turbina me dão um pouco de sono... mas beleza.

Eu pensei que tudo continuaria assim, sem nada que tirasse a minha atenção do jogo no celular, mas não foi isso o que aconteceu...

Do nada, o rádio do avião voltou a ligar. Primeiro eu achei que seria para falar do clima, do tempo de viagem, mas...

— **Atenção, senhores passageiros** - disse uma voz, bem séria. - Começamos nosso plano de voo... Está tudo bem, mas peço que **repitam comigo,** por favor:

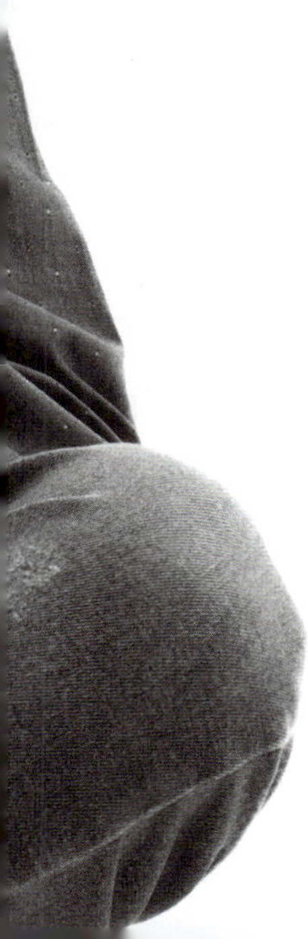

"**Pai Nosso,** que estais no céu..."

Imediatamente senti a mão da minha mãe me segurando feito uma garra, me apertando com muita força. Demorei um pouco para entender a situação e olhei para os lados, confuso. Tudo o que vi foram olhares de pavor. Alguns passageiros rezavam junto com a voz do rádio, outros já tinham começado a chorar, e havia uma mulher que já estava quase desmaiando, falando que não queria morrer.

O TEMPO pareceu PARAR dentro do avião.

Todo mundo estava tentando controlar o medo ou fazer as **pazes com Deus** antes de tudo acabar num segundo.

Foi então que surgiu uma voz diferente no rádio. Todos já se preparavam para o pior, mas era uma comissária de bordo avisando que podíamos ficar calmos porque aquilo não passava de uma brincadeira que um dos passageiros tinha feito. O piloto falou logo depois, confirmando a informação, e disse que estava tudo bem, que o voo continuaria normalmente e que pousaríamos no destino sem nenhum incidente.

Cê acredita?

CARA! EU NÃO ENTENDI NADA!!!!

Mas as coisas não pararam por aí...

Pouco tempo depois, uma comissária foi até o MC famoso, segurando um calhamaço de papel que, mesmo olhando de longe, parecia algum documento. Tipo aqueles contratos cheios de páginas.

O restante da viagem transcorreu normalmente, mas quando o avião pousou, vários policiais e agentes entraram na aeronave, e vimos o MC ser escoltado para fora.

E aí eu entendi tudo! Foi ele quem fez aquela "brincadeira" no rádio do avião.

Pô!!! Fiquei chocado!!!

A última coisa que eu pensei ao ver a cena foi:

Ainda bem que já tinha
tirado MINHA FOTO
com ele.

CONFUSÃO no SHOPPING CENTER

Acho que todo mundo sonha com os seus quinze minutos de fama, mas às vezes ser famoso tem os seus problemas, algumas dificuldades bem específicas que podem se tornar verdadeiros incômodos se você não se cuidar.

Eu sou grato por todos os meus fãs, mas é verdade que, de vez em quando, a fama nos impede de fazer coisas normais. Sinto um pouco de inveja de alguns garotos da minha idade que podem andar na rua à vontade e conversar com os amigos sem que alguém pare para tirar uma foto ou comece a fazer um monte de perguntas:

Acho que um bom exemplo disso aconteceu em um shopping em São Paulo, quando eu e alguns amigos do elenco de *Carrossel* fomos comprar um presente para a Lívia Andrade. Todo mundo estava animado para o passeio daquele dia, pois não era comum sairmos sem algum adulto nos supervisionando. E a gente decidiu passear pelo shopping.

Estávamos eu, o **Thomaz Costa, a Victoria Diniz e a Fernanda Concon.** A gente jurava que ninguém iria nos reconhecer, afinal éramos apenas um grupo de adolescentes andando pelo shopping.

A COISA MAIS NORMAL DO MUNDO.

Que engano!

A situação era bem mais complicada...

No início, tudo estava muito tranquilo. Conseguimos andar calmamente, olhando as vitrines e conversando sobre as possibilidades de presente. Se comprar algo pra gente já é difícil, imagina encontrar algo legal para outra pessoa? Então resolvemos olhar todas opções antes de escolher e, assim, seguimos sem maiores problemas.

Só que aí uma menina nos reconheceu e pediu para tirar uma foto com a gente.

Pensamos que só uma ou outra criança nos reconheceria, fãs que assistiam à novela e que também estavam passeando pelo shopping. Mas, então, alguém viu essa primeira foto e apontou para nós. Podíamos ouvir os murmurinhos começando a correr de um lado para o outro. Fingimos que não era com a gente e seguimos adiante, apertando um pouco o passo. Acho que o sexto sentido já estava me avisando que **problemas viriam dali a pouco.**

E ELES CERTA-MENTE VIERAM!

FORMANCE
'8

Várias pessoas, alertadas por causa da foto da primeira menina, nos reconheceram e começaram a gritar e se aglomerar ao nosso redor, formando um círculo que foi crescendo, crescendo... a massa de gente que vinha em nossa direção ficava cada vez maior, ao mesmo tempo em que os gritos das crianças, as conversas e a correria tomaram conta do shopping inteiro.

FOI UMA DAS MAIORES CONFUSÕES QUE EU JÁ VI NA VIDA!

Acho que nem mesmo os shows na nossa turnê da novela renderam tanta confusão. O caos ficou tão grande que os seguranças foram chamados. Mas, como eles eram poucos, o shopping precisou chamar a polícia para conter a multidão. Só que até mesmo a polícia não foi o bastante para controlar o tumulto e, então, os BOMBEIROS foram chamados para ajudar!

E tudo isso porque a gente resolveu comprar um presente!

O drama ainda demorou um bom tempo para passar — e a gente ficou bem assustado com tudo aquilo. Mas eles conseguiram nos levar até um carro que nos tirou dali o mais rápido possível.

Eu sempre fico feliz de ter um contato próximo com os meus fãs, de conhecer gente de perto, mas, ao mesmo tempo, é muito assustador ter uma multidão vindo em sua direção.

Saber que seu trabalho toca as pessoas de uma maneira tão forte é uma mistura de pânico e alegria.

Acho que aprendi a minha lição: da próxima vez, vou comprar pela internet, recebendo tudo em casa e já empacotado. Ou, quem sabe, posso arrumar um **bigode falso, óculos escuros e uma peruca.**

VAI QUE COLA, NÉ?

MEUS ÍDOLOS

Mesmo sendo famoso,
tenho vários ídolos.
O artista muitas vezes busca
inspiração em outras pessoas
famosas, e isso ajuda muito
na nossa formação.

Eu, por exemplo, gosto de vários YouTubers, cantores, atores... Sou muito fã de alguns e **faço de tudo para chegar perto deles.**

Uma vez, fui a feira chamada BGS, a Brasil Game Show.

É a maior feira de games da América Latina. Todos os caras mais importantes estão lá e ela fica LOTADA!

Bom, eu fui numa edição em São Paulo. Cheguei lá e andei por todos os estandes, porque eu queria conhecer vários YouTubers de games que eu sabia que estavam por lá.

Mas a feira estava abarrotada de gente, não dava pra chegar em alguns lugares... Então o dia foi acabando, eu já estava indo embora e não tinha conseguido encontrar ou conhecer ninguém.

FIQUEI
MUITO
FRUSTRADO!

Mas no caminho da saída, eu vi o camarim dos caras.

Aí meu pai falou:

— Vem cá, Jean. Vamos tentar entrar.

Meu pai começou a conversar com uma moça, disse que eu era ator, que eu trabalhava no SBT e gostava dos YouTubers. Então eu consegui!

CÊ ACREDITA? FOI DEMAIS!!!

Conheci uma galera, tirei foto com todo mundo... tipo fã maluco, que não quer ir embora, só quer ficar perto dos ídolos!

FOI INESQUECÍVEL!

Depois disso, na próxima edição da BGS, eles me reconheceram e eu já me senti em casa!

YEAH!

PAGANDO mico na ESCOLA

Eu já estava estudando na minha escola há uns três anos. Era muito legal, eu tinha vários amigos, a gente se divertia bastante. Naquela época, eu ainda não era famoso, então beleza... tudo era bem tranquilo.

Mas quando comecei a gravar a novela *Carrossel*, minha vida mudou completamente, e na escola não poderia ser diferente.

Todo mundo me parava no pátio, nos corredores, durante o jogo de futebol, no meio da aula de Educação Física. Todo mundo queria tirar foto comigo e perguntar como era trabalhar na televisão. Enfim, a galera queria saber de tudo.

Bom, nem preciso dizer que **os dias se tornaram uma loucura.** Não dava para estudar, pra tomar lanche, não dava nem para eu ir ao banheiro. Tinha sempre alguém batendo na sala para me ver.

Aí, um dia, a diretora me chamou e decidiu resolver aquela situação de uma vez.

Ela separou um dia pra todo mundo tirar foto comigo. Imagina só: um dia INTEIRO tirando foto e falando com as pessoas.

CÊ ACREDITA?

Quando eu cheguei em casa, minha mãe, como sempre, me perguntou como tinha sido o dia na escola. Cara, quando eu contei que eu tinha ficado um dia inteiro tirando foto, **Dona Nilza ficou uma fera!!!**

Fazer o quê, mãe?!

MINHA ROTINA

Um dos assuntos que as pessoas mais têm curiosidade de saber é sobre a minha rotina. E vou te falar, viu, não é nada fácil. Muita gente acha que a vida de ator é feita só de festas com celebridades, sorrisos e participações em programas de entrevistas... Mas, na realidade, é bem diferente.

Demorei muito para me acostumar com tudo, mas hoje já faz parte do meu dia a dia. Atuar é algo que amo, e sei da importância dos estudos, então **mantenho o foco** nas minhas atividades e consigo manter uma vida... digamos assim... **equilibrada.**

A gente precisa se organizar muito bem para que nada saia do controle. Os meus pais sempre se certificam de que está tudo tranquilo — acho que eles têm medo de que eu vire uma celebridade-mirim sem infância, tipo aquelas crianças de Hollywood que vivem só no mundo

da fama e acabam ficando problemáticas. Então é por isso que continuo numa escola tradicional e tenho hora certa para estudar, trabalhar, descansar, brincar com amigos e tudo mais... enfim, cada atividade numa hora específica, e **manter uma rotina ajuda muito.**

Bem, todo dia eu acordo bem cedo, lá pelas 6 horas da manhã, me arrumo e vou para escola. Lá é um lugar bem legal e eu tenho muitos amigos, então não tenho problemas com isso e nem fico doido para sair da escola o mais rápido possível.

Tento prestar a maior atenção nas aulas para não precisar estudar muito em casa.

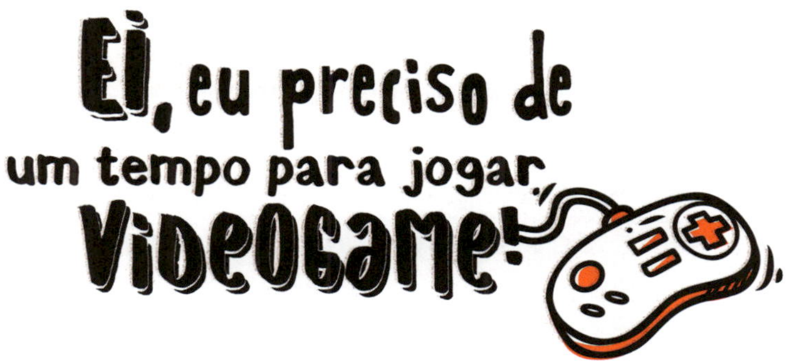

Saio da escola ao meio-dia e, logo depois do almoço, um carro do **SBT** já está me esperando para irmos até a fazenda, onde acontecem as gravações de **Carinha de Anjo**, a novela que estou gravando no momento. O grande problema é que são duas horas para chegar até lá... Isso se o trânsito estiver bom, porque quando está ruim pode demorar quase o dobro do tempo. E o mesmo acontece na volta, quando já é hora do rush e todo mundo está tentando voltar pra casa ao mesmo tempo.

Eu costumo usar essas horas para dar uma revisada nas minhas falas ou, se eu estiver muito desesperado para alguma prova, estudar. Também é um bom momento para descansar, depois de ter acordado tão cedo para ir à escola. **Eu sempre tenho sono atrasado.** Ah! E eu também aproveito para escutar minhas playlists.

O trabalho começa de verdade quando chego à fazenda e preciso entrar no personagem para atuar. E essa é a minha parte favorita do dia, porque, embora eu leve muito a sério o que fazemos ali, **não considero atuar um "trabalho".** A palavra trabalho sempre dá a entender que é algo chato e repetitivo. E a minha profissão é o contrário, sempre tenho algo novo para fazer ou aprender.

Eu e o pessoal ficamos na fazenda até umas 6 ou 7 horas da noite – dependendo da quantidade de cenas que temos em um dia. Quando você está gravando uma novela, é possível gravar várias cenas de uma vez, ao contrário do que acontece no cinema, em que você grava poucas e elas são mais demoradas. Então, em um dia de gravação na fazenda ou no SBT,

gravo de 15 a 20 cenas.

Normalmente fico bem **cansado na volta para casa,** então acabo não estudando. Em vez disso, uso o celular e passo o tempo conversando com meus amigos ou jogando algum game.

Quando finalmente chego em casa, janto com a minha família e vou brincar com o pessoal do prédio, ou faço as lições da escola. Ou arranjo um tempinho para as duas coisas.

A MINHA ROTINA É BEM PUXADA, MAS COM JEITINHO E ORGANIZAÇÃO DÁ PARA FAZER TUDO.

E como gosto muito do meu trabalho e do pessoal que divide esse tempo comigo, fica mais fácil. Minha família também me dá muito apoio e acho isso muito importante.

E assim acaba o meu dia, quando eu já estou quase caindo de sono e vou dormir para começar tudo de novo no dia seguinte.

MAS EU NÃO MUDARIA NADINHA!

MINHA PLAYLIST DO MOMENTO

"HEAR ME NOW" · ALOK, BRUNO MARTINI (FEAT. ZEEBA)

"ME & YOU" · ALOK (FEAT. IRO)

"SHAPE OF YOU" · ED SHEERAN

"CASTLE ON THE HILL" · ED SHEERAN

"A MALA É FALSA" · FELIPE ARAÚJO

"FIVE MORE HOURS" · DEORRO X CHRIS BROWN

"I DON'T WANNA LIVE FOREVER" · ZAYN (FEAT. TAYLOR SWIFT)

"PERFECT STRANGERS" · JONAS BLUE

"MEDO BOBO" · MAIARA E MARAISA

"O GRAVE BATER" · MC KEVINHO

LIDANDO COM HATERS

Ah, os
haters!

Parece que eles estão em todos os lugares, não é? São como pragas que vão se alastrando pela internet e grudam em tudo pelo caminho.

Haters funcionam assim: qualquer coisinha que a gente faz,

PÁ!

APARECE UM HATER PARA TE JULGAR E ENCHEEEEEER A SUA TIMELINE DE COMENTÁRIOS ABSURDOS.

Na maior parte das vezes, os comentários nem fazem sentido, não têm nada a ver com o post original e estão cheios de palavrões.

Eles estão no Instagram, Facebook, YouTube, Twitter e do outro lado da rua também, gritando em vez de digitar em **CAPS LOCK**.

.com
f
www

Os haters existem em qualquer lugar em que um grupo de pessoas se reúne, e geralmente são aqueles que **sentem inveja** de algo ou alguém e falam bobagens porque **não têm nada a dizer.**

Os haters (ou *trolls*) existem apenas para criar desconforto nas pessoas, e só ficam contentes quando alguém está sofrendo por causa deles.

No início de **Carrossel**, eu tinha mais haters, mas acho que eles foram se cansando e hoje quase não aparecem mais nas minhas redes sociais. Acredito que a maneira como lidei com eles acabou surtindo efeito. O melhor a fazer é não fazer nada. Os haters estão ali querendo chamar a atenção e, quanto mais atenção damos, mais eles aparecem. É como se fossem criaturas que se alimentam da quantidade de atenção que você dá para o que dizem.

Por isso, decidi que não iria contribuir com a felicidade deles e simplesmente ignoro e bloqueio quem fala algo ofensivo nos meus posts.

Então, aí vai o meu conselho: não dê bola e nem discuta que os *trolls* começam a sumir. Acho que o principal é isso, se a rede social é sua, você não é obrigado a ler ou ver nada ofensivo a seu respeito. É **você** quem manda e sabe como cuidar do ***seu*** espaço na internet.

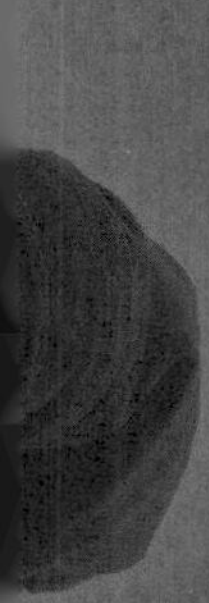

LOGO,
NÃO ACEITE
OFENSAS DE
NINGUÉM!

Cortar aquilo que não te faz bem é a melhor arma.

Quando você ignora, as pessoas só perdem o tempo delas e você não perde a sua paciência. Mas se isso não for o bastante, lembre-se de que a internet tem leis. Não é um lugar onde se pode fazer ou dizer o que quiser e sair impune.

Sempre que sou atacado por um hater, imagino que seja alguém desocupado, com uma vida tão sem graça que precisa vir se preocupar com a minha. E, acredite, tendo que trabalhar, estudar, jogar videogames e ainda dar atenção aos meus amigos e família, sou ocupado demais para ficar me importando com o que um estranho fala sobre mim na internet.

O hater é uma pessoa que gasta seu tempo xingando alguém, usando um teclado de computador ou celular, sem dar a cara a tapa. A maior característica dos trolls é que eles são covardes e não conseguiriam dizer no mundo real o que dizem no mundo virtual. Então se escondem e procuram puxar as outras pessoas para o mesmo nível deles. Por isso:

NÃO CAIA NA PROVOCAÇÃO DO HATER!

REGRAS PARA LIDAR COM TROLLS NA INTERNET

1 – Desfaça amizades virtuais com pessoas que te ofendem.

2 – Use o botão "bloquear" sem medo de ser feliz.

3 – Não leve a internet tão a sério. Ela não é o mundo real.

4 – Não participe de bate-bocas nem prolongue discussões.

5 – **NÃO ALIMENTE O TROLL!**

PARTE 2

VIDA DE ARTISTA

AQUELA HISTÓRIA DO SILVIO SANTOS

A maioria das pessoas que me segue conhece essa história... Bem, ela aconteceu na TV, na frente do Brasil inteiro e no meio da apresentação do Troféu Imprensa. O momento a que eu dei o nome de:

O DIA QUE O SILVIO SANTOS ME LEVOU DE VOLTA PARA O SBT.

Naquela época, eu estava gravando a terceira temporada de *Patrulha Salvadora* no SBT. Para quem não viu, eu explico: era uma série que surgiu do **Carrossel,** em que eu e outras crianças ajudávamos pessoas e animais em riscos. **Ela era muito legal! Tinha efeitos especiais, ação e aventura.**

E depois de muitos anos com o mesmo pessoal e com todos os meus amigos, meu contrato com o SBT já estava acabando e talvez tivesse chegado a hora de dar adeus e ver como seria a vida fora do "ninho".

Então, pensando no meu futuro e nas oportunidades que estavam abertas para mim, meus pais e eu aceitamos uma proposta da TV Record. Eu seria um repórter-mirim do programa *Domingo Show* e trabalharia com crianças.

Mas, de repente, tudo mudou... Acho que tudo pode acontecer quando você encontra com o "patrão" na sua frente.

Foi no dia do Troféu Impressa, a premiação que acontece todo ano e premia atores, programas, novelas... É meio que um Oscar da televisão brasileira.

Naquele ano, eu ganhei o prêmio de **"Ator Revelação"**, o que me deixou muito feliz. Ter o reconhecimento do público e de todos os meus companheiros de indústria foi um dos maiores momentos da minha carreira. Eu estava bem nervoso e entusiasmado, me preparando mentalmente para estar no palco diante do país inteiro sem interpretar nenhum papel, mas sendo eu mesmo.

Então o momento chegou e fui chamado até o palco. O Silvio me recebeu muito bem e brincou comigo sobre minha saída do SBT. Aí, no meio da conversa, ele falou que gostaria que eu ficasse na emissora! Preciso admitir que aquilo me deixou muito feliz! Ouvir uma pessoa que eu admiro tanto me pedindo para ficar foi demais! Eu já estava muito feliz por ter ganhado aquele prêmio, mas ver meu trabalho ser reconhecido de forma tão grandiosa duas vezes no mesmo dia foi especial.

DEU UMA SENSAÇÃO de dever cumprido, SABE?

Naquela época, eu era bem mais novo, então não entendia muito bem essa parte de contratos, negociações e tudo mais, esse departamento era administrado pelos meus pais.

Minha única certeza no meio de tudo aquilo era que eu **queria continuar a atuar,** fazer o que eu sabia fazer e que era uma parte muito importante da minha vida.

A televisão é um lugar onde tudo pode acontecer muito rápido. Hoje você está em uma emissora, mas amanhã pode estar em outra. Então, aprendemos a estar sempre abertos para as oportunidades. Se é importante para você, você tem que se esforçar para continuar fazendo aquilo e, no meu caso, eu queria **continuar atuando,** no SBT ou em outro lugar, porque atuar está no meu sangue e não consigo me imaginar fazendo algo diferente.

Em seguida, tudo foi se resolvendo: meus pais e o SBT conseguiram acertar tudo direitinho e eu continuei na emissora, onde trabalho até hoje e tenho vários amigos e colegas.

Acho que foi importante tudo isso ter acontecido, porque precisei parar e pensar: eu amo atuar o suficiente para querer continuar mesmo que não seja mais com quem eu conheço desde o começo da carreira, mesmo que seja em um ambiente novo longe dos amigos que fiz em *Carrossel*?

Por sorte, não precisei me afastar dos amigos e do ambiente que já conhecia para responder a essa pergunta, e **permaneci no SBT com as bênçãos do patrão.**

TESTES para CARROSSEL

Minha história até chegar oficialmente em *Carrossel* foi cheia de curvas e totalmente inesperada – principalmente o resultado.

Bem antes de entrar para a novela eu fazia parte de uma agência de modelos. Pode parecer estranho "escutar" a palavra modelos, mas agências desse tipo costumam cuidar não só de modelos para o mundo da moda mas também de atores e atrizes. Foi durante o meu período na agência que ficamos sabendo que haveria uma nova versão de *Carrossel*. Aí, eu e a minha família decidimos tentar uma vaga e fomos fazer os testes, que aconteceriam em São Paulo.

Meu pai e eu fomos de ônibus até o SBT, onde encontrei algumas pessoas que já conhecia da agência e de outros lugares. No início, fiquei um pouco assustado com o tamanho de tudo aquilo, principalmente quando pensei que ali eram feitos muitos dos programas que eu assistia desde que era bem pequeno.

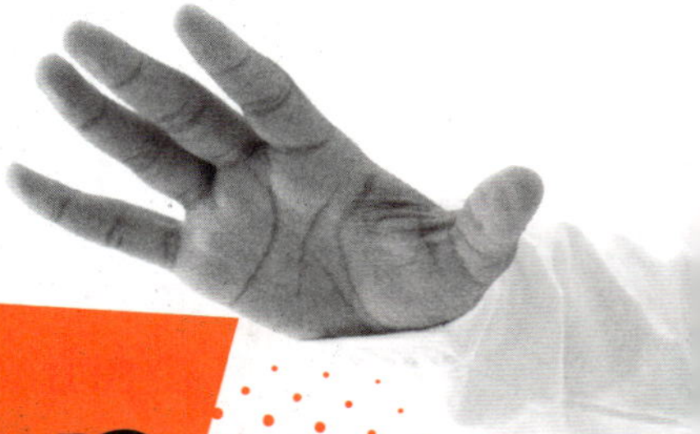

TUDO ERA MUITO NOVO PRA MIM!

Eu já tinha gravado comerciais antes, mas nunca tinha ido até uma emissora grande.

TOKIO

Chegando lá, eles me mandaram para o lugar onde seria realizada a seleção, disseram que eu faria o teste para um personagem chamado André e me deram um roteiro curto para que eu memorizasse.

E esse foi só o primeiro dia. Fazer parte desse processo é parecido com uma prova de escola, mas que pode durar semanas e meses, e que te deixa ansioso durante ***muito*** tempo. Eu precisava memorizar as falas, fazer testes de entrosamento com outros atores, conversar com todos os adultos que cuidavam do processo de seleção e ainda controlar o meu nervosismo.

Os dias passaram e viraram meses. Cada etapa era diferente da outra e os testes foram ficando cada vez mais complicados, **tipo fases de videogame, sabe?** Tudo funcionava da seguinte forma: você fazia o teste do dia e, se fosse bem, seria chamado para a próxima etapa e assim por diante.

Eu me lembro de que quando já estava no quarto teste, comecei a achar que talvez eu tivesse uma chance de conseguir o papel de "André" na novela e, finalmente, trabalhar na TV. Acho que era a esperança começando a tomar conta dos meus pensamentos.

Depois do quinto teste, eu mal conseguia esconder a minha ansiedade, pois como o número de candidatos ia diminuindo, achei que já devia estar bem perto do final daquilo. Logo que cheguei em casa depois desse teste, recebemos uma ligação do pessoal do SBT. Eles nos disseram que haveria um sexto teste e que eu precisava estar lá no dia e horário marcado. Fiquei muito feliz, afinal eu ainda estava no páreo, mas a notícia aumentou consideravelmente o meu nível de ansiedade.

No dia marcado, **respirei fundo e fui para o SBT.**

Chegando lá, fui levado a uma sala onde várias outras crianças também aguardavam. Então, a diretora dos testes chegou e disse:

– OLÁ, vocês são O NOVO ELENCO DE CARROSSEL!

CÊ ACREDITA?

Acho que nunca ouvi tanta gritaria ao mesmo tempo, pessoas pulando e chorando ao meu redor – e acho que eu fiz o mesmo. Depois de tanto trabalho, era impossível não ficar extremamente feliz com o que havia acabado de acontecer. E foi nesse dia que descobri que eu não interpretaria o "André", mas que **eu seria o Cirilo**, um dos personagens mais conhecidos por todo mundo que assistiu à versão mexicana da novela.

Um detalhe importante e divertido: quando saí da sala onde recebi a notícia, decidi testar minhas habilidades de ator... **E a minha mãe foi a vítima.**

Fiz a minha melhor cara triste e contei para ela que não tinha passado. Ela ficou arrasada, mas disse que outras oportunidades viriam e que eu precisava aprender a lidar com aquilo.

Relembrando o que fiz, sinto um pouco de dó dela. Então, depois de um tempinho, falei a verdade e contei que havia passado, mas aí ela já não acreditou e mandou eu parar de mentir.

Acho que ela só acreditou mesmo quando recebeu uma ligação do SBT avisando que eu precisava comparecer ao *workshop* de personagens, para que pudesse começar o trabalho o mais rápido possível.

APRENDENDO A ATUAR

Muitas pessoas da minha idade me perguntam o que é necessário para ser um ator. Muitos falam de talento, e acredito que isso realmente ajude. Mas ter talento, ou estar predisposto a atuar, não elimina o fato de que temos que aprender e estudar muito para ser ator, assim como para qualquer outra profissão.

Ser um ator é praticar uma arte, e toda arte envolve trabalho, muito trabalho. Você precisa praticar durante muitas horas, decorar muitos textos e ter ânimo para repetir a mesma cena várias vezes.

Eu tive muita sorte porque contei com atores e profissionais incríveis ao meu redor, que me ajudaram a seguir nesse caminho me dando aulas, dicas e conselhos. Acho que tudo fica mais fácil quando você pode contar com pessoas mais experientes para te apoiar e ensinar, e as dicas que aprendi nos meus primeiros anos de *Carrossel* continuam valendo até hoje.

Já fiz uma porção de cursos e *workshops* sobre atuação e personagens. Assim fui aprendendo mais sobre a profissão de ator, como controlar meus sentimentos para que eu possa chorar a qualquer momento que o roteiro pede, como encontrar uma forma de representar raiva, medo e alegria mesmo que eu não esteja sentindo nenhuma dessas emoções no momento da gravação. Atuar é muito mais do que apenas fingir.

ATUAR exige que você saiba controlar seu corpo para TRANSMITIR informações e ideias para o seu TELESPECTADOR.

Durante meus primeiros anos (e até hoje), aproveitei que estava rodeado de ótimos profissionais para tirar todas as dúvidas. Conversei com todos os atores mais velhos, principalmente aqueles que interpretavam os pais dos alunos nas novelas.

(elenco)

Todo o **casting** dos adultos era formado por gente que já atuava há anos, então eu aproveitava para pedir dicas e fazer milhares de perguntas sobre como poderia melhorar as minhas habilidades. Muitos desses atores talvez nem se deram conta de que me ajudaram muito, mas eu me lembro de cada conselho e de como usei pequenas informações nos meus trabalhos seguintes.

A Adriana Alves, que interpretou a minha mãe na novela *Carrossel*, é amiga do Lázaro Ramos. Certo dia, ela encontrou o Lázaro e, como sabia que eu era fã, pediu que ele gravasse um vídeo para mim. Aquilo foi muito legal, porque o Lázaro me incentivou a continuar trabalhando, estudando e me aprimorando como ator. Ele até me mandou um abraço!

Acho que foi um dos melhores momentos da minha vida como ator. É muito legal, e também uma honra, quando alguém tão importante na sua área de trabalho nota o que você está fazendo e te incentiva a continuar.

Cada pessoa vai ter suas próprias dificuldades no processo todo. Para mim, a parte mais complicada da atuação é conseguir entrar na pele do personagem, agir da forma correta, sem quebrar a cena em momento nenhum.

Eu nunca deixo de estudar e treinar, então acredito que à medida que eu for me esforçando para melhorar vou conseguir atuar com mais facilidade. E acho que não é apenas na atuação, mas em tudo o que fazemos é importante não desistir e continuar tentando, estudando e correndo atrás, para melhorar cada vez mais e conseguir chegar aonde queremos. Sei que **ainda tenho um longo caminho pela frente,** e vou fazer de tudo para continuar crescendo e, quem sabe um dia, ser um ator tão bom quanto aqueles que admiro e que me ajudaram no meu caminho.

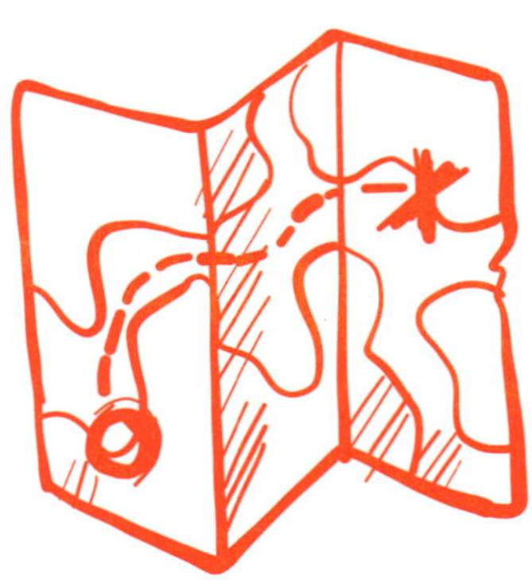

HIGH PERFORMANC
78

CHROMA KEY

Você sabe o que é Chroma Key? Se nunca ouviu falar nisso, com certeza já ouviu falar em "fundo verde". É um artifício usado na televisão para juntar a filmagem de uma cena real com uma feita no computador.

Por exemplo: se eu tiver que fazer dentro do estúdio uma cena em que estou caindo, vou **gravar na frente de um pano todo verde.** Depois da filmagem, o pessoal da edição consegue colocá-la em um cenário, pode ser de um precipício ou montanha, como se eu estivesse caindo lá de cima de verdade.

Para você ter uma ideia, a maior parte dos seriados e filmes de fantasia e ficção científica usa muitas cenas em fundo verde. Pode ser a cabeça de um dragão, um castelo enorme no horizonte ou até mesmo o efeito do oceano. Basta assistir ao filme *As Aventuras de Pi* ou *Avatar* para ter uma noção de tudo que um filme é capaz de fazer utilizando a técnica do Chroma Key.

É bem divertido ver o resultado final, mas, **na hora de gravar, é muito esquisito.** Vou explicar o porquê da

parte "estranha": Como você está gravando sozinho, precisa fazer movimentos bem reais, especialmente se for gravar uma cena em que está segurando um objeto que não está ali. Pois só na edição é que vão colocar alguma coisa na sua mão.

É como o dragão no filme *O Hobbit*. O ator Benedict Cumberbatch teve que usar uma roupa cheia de pontos para capturar os movimentos, gravando num fundo verde, mas tinha que imaginar que estava numa masmorra e que seu corpo era gigantesco e tinha asas.

É preciso muita concentração e imaginação para atuar de forma natural, já que tudo interfere no trabalho, principalmente as nossas emoções.

Meu pai fala muito sobre o primeiro Hulk. Ele era um cara enorme e os efeitos eram muito toscos.

O Chroma Key era muito usado em *Carrossel* para gravar as cenas dos sonhos ou de imaginação, porque dava uma aparência diferente aos enquadramentos, mas em *Patrulha Salvadora*, que tinha muitos efeitos especiais, a gente usava nas cenas de ação ou para gravar as cenas com os poderes e com os vilões.

No começo foi complicado, mas com o tempo peguei o jeito. A gente acaba se acostumando com o processo e tudo passa a ser **tão simples como atuar normalmente.** É uma ferramenta tão importante que você fica pensando como o pessoal conseguia fazer os filmes sem isso antigamente.

MEUS ATORES FAVORITOS

Em qualquer profissão
é natural que você se
inspire em outras pessoas,
que procure saber mais sobre
quem se destaca na sua área.

Pois é! Pensando nisso, decidi fazer uma lista com os **meus cinco atores favoritos!**

ATORES FAVORITOS

LÁZARO RAMOS

WILL SMITH

KEANU REEVES

ROBERT DOWNEY JR.

WAGNER MOURA

ESCREVA AQUI A SUA LISTA DE ATORES FAVORITOS

1 ....

....

2 ....

....

3 ....

....

4 ....

....

5 ....

....

CASOS ESTRANHOS E CURIOSOS

Falei tanto sobre entrar no personagem que acabei me lembrando dos casos mais estranhos que já ouvi sobre atores se preparando para um filme.

Todo ator faz algum tipo de preparação para os seus papéis — eu mesmo entrei numa aula de violão para interpretar o meu personagem em **Carinha de Anjo.** Mas nada disso é parecido com o que estes artistas fizeram. Dê uma olhada:

Atores que fizeram loucuras para entrar no personagem

Jennifer LAWRENCE

A Jennifer Lawrence ficou famosa como a Katniss, de ***Jogos Vorazes***, mas ela fez vários outros filmes incríveis. Entre eles, ***Inverno da Alma***. Para esse trabalho, ela ficou uma semana aprendendo a caçar; limpando e retirando a pele dos animais que caçava. No fim das contas, isso até a ajudou a conseguir o papel de Katniss, pois já sabia usar o arco e flecha!

Shia LABEOUF

Para o filme ***Corações de Ferro***, Shia LaBeouf ficou sem **TOMAR BANHO** durante as gravações. De acordo com ele, se o personagem não podia tomar banho, ele também não poderia.

NÃO TENTE ISSO EM CASA!

Hilary Swank

Em ***Menina de Ouro***, Hilary interpreta uma lutadora de boxe, e a atriz treinou duro para reduzir a gordura corporal, além de fazer dietas, por causa do papel. O mais impressionante é que ela pegou uma infecção durante as filmagens e não foi procurar ajuda médica, porque, de acordo com ela, sua personagem não faria isso. Para seu papel em ***Meninos Não Choram***, em que ela interpretou uma garota que fingia ser um menino, a atriz passou a se vestir apenas como um garoto, até quando não estava gravando. Nem mesmo seus vizinhos a reconheciam na rua. Ela acabou ganhando o Oscar por esses papéis.

Heath Ledger

Para interpretar o Coringa em ***Batman: O Cavaleiro das Trevas***, Ledger começou a viver isolado do resto do mundo, sem sair do seu apartamento, para entrar na mente de seu personagem maluco. Foi tão incrível, que os atores ficaram com medo dele durante as gravações. Ele manteve um diário para tentar capturar a essência do personagem.

Nicolas Cage

Para seu papel em ***Asas da Liberdade***, o ator foi tão longe que **E-X-T-R-A-I-U** os dentes da frente! E se recusou a usar anestesia, já que seu personagem não tinha anestesia disponível!

OBS1: NICOLAS CAGE É COMPLETAMENTE LOUCO!

OBS2: Nas gravações de *Motoqueiro Fantasma 2* ele andava pelo set com a cara pintada e vestido de algo que chamava de "novo xamã".

VOCÊ QUER ATUAR?

Bom, como já falamos um pouquinho da minha experiência como ator, sobre como aprendi e tudo mais, resolvi dar umas dicas para aqueles que também procuram um caminho na hora de correr atrás do sonho de trabalhar na televisão ou no cinema.

Preparei essas cinco perguntas, que acho importantes de serem respondidas se a sua decisão for mesmo seguir a carreira de ator.

Vamos lá?

1 Você já se apresentou em uma peça de teatro?

( ) Não.

( ) Sim, em um evento da escola.

( ) Sim, da companhia de teatro da qual faço parte.

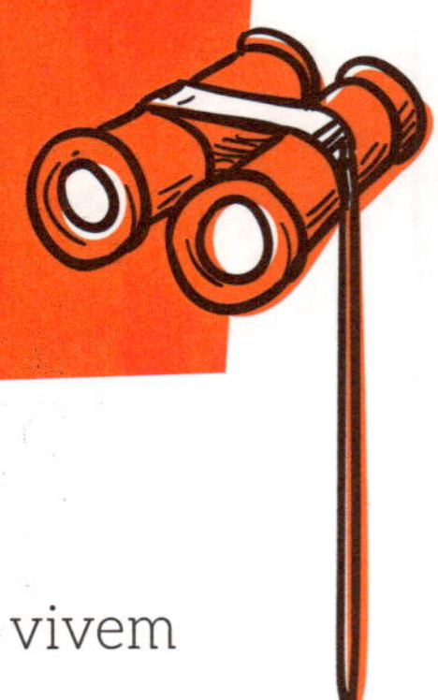

Como já comentei antes, nem só de talento vivem os atores. O teatro é uma ótima forma de se preparar, não apenas para a atuação, mas também para preparar o corpo e a voz, que são nossos instrumentos de trabalho mais importantes.

Precisamos de uma boa dicção (falar as palavras de forma clara), além de saber movimentar o corpo e fazer expressões faciais convincentes, conseguir chorar e rir, e convencer quem está nos assistindo de que aquele sentimento é verdadeiro.

Ter experiência com o teatro vai te deixar muito mais preparado para uma carreira de ator, não só por tudo o que falei, mas também para aprender a lidar com o nervosismo e a timidez.

2 Você fica nervoso ou tímido ao falar em público, como, por exemplo, na hora de apresentar um trabalho na escola?

( ) Sim, sempre sinto vergonha, mesmo tendo feito um bom trabalho.

( ) Não, sempre consigo fazer as apresentações de forma tranquila.

( ) Fico tímido no início, mas depois acabo me soltando.

A vergonha ou timidez é algo normal, principalmente quando não temos muita experiência. É um problema não apenas para atores, mas também para cantores e músicos que precisam se apresentar em público.

Mas não precisa desistir do seu sonho de atuar só por ser tímido. Isso pode ser resolvido com um pouco de treino e força de vontade. Vou contar um segredo... por incrível que pareça, tenho vergonha de apresentar meus trabalhos de escola.

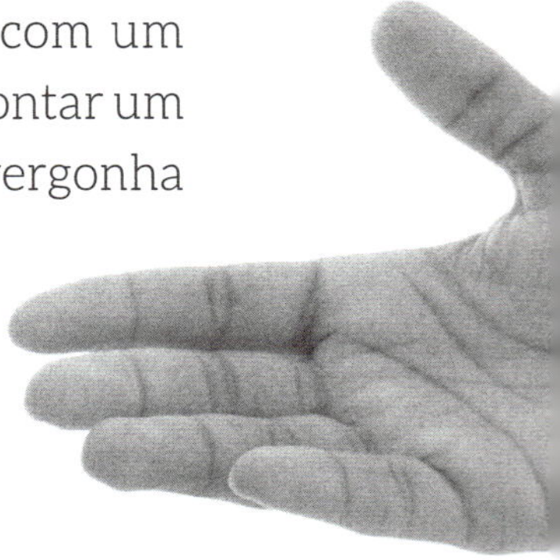

ACREDITA?
HIGH PERFORMANCE
78

3 Você tem dificuldade para decorar textos?

(   ) Muita, mas estou tentando melhorar.

(   ) Não. Consigo decorar textos muito rápido.

(   ) Tenho dificuldade, mas lendo muito consigo decorar.

Decorar falas é algo megaimportante para um ator, e um dos maiores motivos que nos deixa nervosos é o medo de esquecer ou errar nossas falas.

Também é algo que exige **prática e concentração.**

Precisamos ler o texto várias vezes, e quando já temos o personagem em mente (o jeito de falar, agir, as reações dele) ajuda muito.

Vou dar algumas dicas mais pra frente, mas para começar, aqui vão algumas: depois de ler o texto, comece a focar nas suas falas. Aqui vale dar uma olhada na dica do espelho. É bom praticar até as falas ficarem naturais, sem parecer que você está lendo tudo num papel. Decorou as falas? Filme você, e dessa vez, não apenas recite, mas comece a atuar. Não tenha medo de errar, e repita quantas vezes for necessário.

Como aqui você está apenas treinando, seria bacana arrumar alguém para fingir ser um diretor, para te ajudar na atuação.

4 Você tem hábito de assistir a filmes, novelas e seriados?

( ) Sim, assisto de tudo o tempo todo.

( ) Não gosto muito de assistir nada. Geralmente ocupo meu tempo com outras coisas.

( ) Assisto sim, mas só presto atenção na história.

Para um ator, assistir a filmes e seriados é o mesmo que ler livros, para um escritor. Temos que buscar nossas inspirações de algum lugar, e o ato de assistir a filmes **– mas assistir mesmo –** prestando atenção nos efeitos técnicos, na atuação, nos ângulos das câmeras, nos cenários e figurinos... é muito importante para nossa formação. Nos ajuda até mesmo a descobrir mais sobre que papel gostamos de atuar e naquilo que fazemos melhor. Ver como outros atores atuam serve de exemplo porque podemos aprender só de observá-los.

Você já ouviu isso, mas se colocou na cabeça que quer ser ator, ter força de vontade é muito, ***muito*** importante.

Começar direto na televisão é muito difícil, então procure entrar no teatro para se aprimorar e **sempre fique atento às oportunidades.**

5 Você desiste fácil?

( ) Não. Quando coloco algo na cabeça, vou até o fim.

( ) Sim. Não gosto de admitir, mas quando algo não dá certo, sinto vontade de desistir na hora.

( ) Mais ou menos. Fico com vontade de desistir, mas minha insistência fala mais alto.

Receberemos vários "nãos", mas receberemos "sins" se insistirmos e não desistirmos no primeiro "não".

Converse muito com a sua família para que te ajudem nesse sonho e, o principal:

DEDIQUE-SE BASTANTE.

ISSO VALE
PRA QUALQUER COISA,
viu? Não só para
SER ATOR!

HIGH PERFORMANCE
78

HORA DE IMPROVISAR

A improvisação é um exercício incrível para aprendermos a atuar melhor, além de ser muito divertido, principalmente quando fazemos em um grupo de amigos. E o legal é que não precisamos ficar só no grupo de teatro. Você pode fazer brincadeiras de improvisação em casa mesmo, com seus colegas, ou até em festas.

A improvisação é basicamente uma brincadeira de faz de conta e, como o jogo tem poucas regras, deixa muito espaço para a criatividade.

Além de nos divertirmos, exercitamos a dicção, a linguagem corporal, a criatividade, a desenvoltura...

Então vamos lá: o que é um improviso?

Improvisar é inventar às pressas ou na hora. É reagir a uma situação sem se preparar antes para aquilo.

Preparação para o JOGO

( ) Papel

( ) Caneta/lápis

( ) Um saco ou boné

Cada participante deve escrever palavras ou frases em um pedaço de papel. **Escreva o que quiser.** Pode ser uma ação, sentimentos, nomes, animais, lugares, pessoas, perguntas... não importa.

Assim que todos tiverem escrito nos seus papeizinhos, dobrem e coloquem tudo no boné ou no saquinho.

Cada pessoa retira um papel e a palavra escrita nele servirá de base para a improvisação. Decidam quem deve começar.

Assim que o primeiro "ator" terminar de encenar a sua palavra, o próximo começa interagindo com o primeiro, tentando dar sentido à cena. E assim por diante, cada um vai entrando na brincadeira, até que todos estejam juntos, tentando montar uma história.

No começo, é bem normal não saber o que fazer, mas a intenção é justamente essa. A ideia é nos prepararmos para atuar, usando o pouco de informação que temos para criar um personagem bem rápido, agindo da maneira mais natural possível. Essa técnica é ótima para exercitarmos a desenvoltura e ajudar

a acabar com a timidez e a vergonha.

Existem cursos específicos de improvisação que são bem legais, mas esses jogos são uma ótima maneira de começar, além de um jeito divertido de praticar atuação junto com seus amigos e sua família.

COMO ENCARNAR UM PERSONAGEM

Vamos falar
um pouquinho sobre
personagens?

Eu sempre fui da opinião de que por mais incrível que um roteiro seja, o que acaba definindo uma história e prendendo a atenção das pessoas são os personagens.

Para atuar de forma natural e que convença quem está assistindo é preciso conhecer muito bem o personagem. E para chegar lá é preciso muito estudo e dedicação.

Vou dar aqui algumas dicas que me ajudaram muito a entender melhor como entrar na pele do personagem e fazer uma boa atuação.

1 A história do personagem

Na maioria das vezes já sabemos a história do personagem pelo roteiro, mas não precisamos parar por aí. Através do que lemos, podemos adivinhar e até criar mais informações para entrarmos no personagem. Histórias do passado dele que só nós vamos saber, algo que o motive e o inspire, algum medo ou desejo... enfim, pequenos detalhes que nos ajudam a melhorar o modo como o personagem irá falar ou agir.

E são esses detalhes que nos ajudam a agir com naturalidade quando estivermos na pele dele e que farão o personagem parecer uma pessoa real, com qualidades e defeitos, e não apenas uma pessoa fictícia.

2 Ação e emoção

Assim que começamos a atuar, é comum ouvirmos que nossa atuação "não tem emoção". Isso acontece porque ainda não estamos interpretando pra valer, mas sim decorando algumas falas e apenas "reproduzindo".

O que faz o personagem parecer natural é o modo como se transmite as suas emoções.

Faça algumas perguntas:

- **Como o meu personagem está se sentindo nessa cena?**
- **O que ele acha de tudo o que está acontecendo?**
- **Como ele se sente em relação ao personagem com quem está contracenando?**
- **Quais as suas emoções?**
  Ele está alegre, triste, com raiva?

Vamos descobrindo essas respostas com base naquilo que vimos no item anterior, sobre a história do personagem. E aí precisamos pensar nisso tudo e em como o personagem reagiria a essas emoções e sentimentos, e só então vamos conseguir entrar no lugar de quem estamos representando.

E é aí que vem uma outra etapa...

3 Deixando você de lado

Na hora de entrar em cena, precisamos nos esquecer de tudo aquilo que somos, deixando para trás nossa ansiedade, desejos, medos… e sentir apenas o que o personagem sente.

Você pode ensaiar a cena antes, testando reações diferentes, percebendo o que se encaixa melhor para aquele momento.

DICAS DO JEAN

Bem, se depois de ler este livro você decidiu que quer mesmo seguir a carreira de ator, mas não sabe como começar, aqui vão mais algumas dicas.

Quem sabe alguma delas — ou todas — pode te ajudar...

Vamos lá?

1 Treine em frente ao espelho

Se você é uma pessoa tímida, tenho certeza de que vai sentir vergonha de falar com o espelho. É superesquisito, mas lembre-se de que não tem mais ninguém olhando além de você.

E por isso mesmo é bacana. Pense assim: qual é a desvantagem de sentir vergonha de si mesmo? Nenhuma, né? Então, bora lá pegar um roteiro de que gosta, ou aquela apresentação da aula de História, e treinar olhando para você mesmo?

Essa técnica é muito boa para treinar sua dicção, trabalhar a respiração para ficar mais calmo, decorar o texto, ver sua expressão facial, além de te ajudar a ficar mais confiante.

2 Treine com uma câmera

O segundo passo é repetir tudo de novo, só que agora filmando. Não precisa atuar nem nada, mas procure dizer as falas ou fazer a apresentação com desenvoltura. No começo, não precisa mostrar para ninguém, mas assista a tudo o que gravou. Assim, você pode ver onde errou e onde dá para melhorar. Às vezes pode bater uma vergonha de assistir ao nosso filme, mas pense que só você está vendo e, então, siga em frente!

Quando estiver se sentindo mais confiante, mostre as gravações para alguém. Isso vai te ajudar com a parte de lidar com público, sem nem precisar atuar ao vivo.

Peça dicas para quem assistir e não tenha medo de ouvir críticas. Elas são importantes para o aprendizado.

Guarde alguns dos vídeos e toda semana compare a sua evolução. Isso vai te ajudar a conferir se o treino está funcionando e te deixará mais seguro.

3 Treine com público

Ótimo! Você treinou no espelho, treinou com a câmera, mas... **e atuando ao vivo?** Também é importante. Mesmo quando estamos no estúdio, várias pessoas estão nos vendo e o diretor está sempre nos avaliando. Depois, também temos que lidar com o público que nos assistiu.

Então, ter pessoas da sua confiança assistindo a um ensaio seu é muito importante para trabalhar a vergonha e a timidez. Principalmente sua família ou amigos próximos, pois essas pessoas só querem o seu melhor e vão estar torcendo por você.

4 Faça um curso

Treinar em casa e com a família é importante, mas nada se compara a um bom curso, com profissionais que vão te dar dicas superimportantes, além de avaliar sua evolução. Um olhar crítico sobre o trabalho é fundamental para **aprender com os erros e acertos,** corrigir vícios e melhorar a linguagem verbal e corporal.

E como os cursos geralmente são montados em turmas com vários alunos, você terá colegas que também têm o mesmo sonho e que podem se tornar parceiros para aprenderem juntos, e isso pode ser uma experiência e tanto para seguir sua carreira.

5 Relaxe!

É comum ficarmos nervosos por medo de sermos julgados, mas a verdade é que nunca vamos agradar todo mundo. Se você está treinando, praticando e tem força de vontade, precisa respirar fundo e se lembrar de que já está dando o seu melhor e, por isso, não precisa ficar tão nervoso. Com o tempo, a insegurança vai passando e você começa a lidar melhor com a nova situação.

Nem sempre você vai conseguir se livrar 100% da timidez. Não tem problema ser tímido; existe um monte de grandes atores que são supertímidos, mas que na hora de atuar dão um show! Por isso é importante saber lidar com a timidez e o nervosismo quando queremos trabalhar com o público.

Já que é para ATUAR, finja que você é EXTROVERTIDO.

87

Agradecimentos

Meu livro não é uma biografia, porque o livro da minha vida ainda está só começando. Escrevi algumas histórias que aconteceram comigo, contei um pouco sobre meu cotidiano e algumas curiosidades. Foi muito legal fazer esse livro e espero que vocês gostem também.

Agradeço a todos que acreditaram em mim, no meu talento, e que me ajudaram a chegar até aqui.

Aos diretores com quem tive o prazer de trabalhar, aos meus amigos atores que sempre foram incríveis e me ensinaram muito. E a todas as equipes que trabalhei junto. Vocês moram no meu coração.

Quero agradecer ao Jim Anotsu, que me ajudou MUITO, e à editora Gutenberg pela oportunidade.

Um agradecimento especial à minha família, que sempre me incentivou e me acompanhou em cada momento.

E, é claro, aos meus fãs, que são incríveis e estão sempre do meu lado.

ESTE livro é ♡ para VOCÊS!

the END
(POR ENQUANTO)

Este livro foi composto com tipografia Aleo
e impresso em papel Off Set 90g/m² na Assahi.